화엄경 제5권 해설

제5권은 보현보살이 부사의해탈문(出離·大願海·無量身·差別名·神通境·成壞事·自境界·無邊界·次第門)에 들어가 찬송(4p)하고 또한 정덕보살(10-19p)과 해월광보살이(19-29p)이 찬송하니 여러 사좌좌 밑에서 나온 미진수보살(海慧·雷音·衆寶·大智·不思議·白目蓮·金焰·法界·雲音·勇猛)들이 나와 갖가지 구름과 같은 공양물로 공양하고 찬탄하였다.

해혜보살이 먼저 찬탄(36p)하고, 다음에 뇌음(42p), 중보(48p), 대지(54p), 부사의(60p), 백목(66p), 금염(73p), 법계(79p), 운음(84p), 선용(92p) 보살들이 차례로 찬탄하였다.

사실 이들은 원래 10주위 가운데 제1 발심주(發心住)에 해당되니 무엇을 인하여 발심하느냐 하면 부처님의 교법을 얻고 의식이 없는 지위에서 ① 신심(信心) ② 염심(念心) ③ 정진심(精進心) ④ 혜심(慧心) ⑤ 정심(定心) ⑥불퇴심(不退心) ⑦ 호법신(護法心) ⑧ 회향심(廻向心), ⑨ 계심(戒心) ⑩ 원심(願心)에 의해 발심하게 됨으로 이들 보살을 10신 보살이라 해도 과언이 아니다.

世(세)主(주)妙(묘)嚴(엄)品(품)

第(제)一(일)之(지)五(오)

復(부)次(차)普(보)賢(현)菩(보)薩(살)摩(마)訶(하)薩(살)入(입)

不(불)思(사)議(의)解(해)脫(탈)門(문)方(방)便(편)海(해)入(입)如(여)

來(래)功(공)德(덕)海(해)所(소)謂(위)有(유)解(해)脫(탈)門(문)名(명)

嚴(엄)淨(정)一(일)切(체)佛(불)國(국)土(토)調(조)伏(복)衆(중)生(생)

令(영)究(구)竟(경)出(출)離(리)有(유)解(해)脫(탈)門(문)名(명)普(보)

詣(예)一(일)切(체)如(여)來(래)所(소)修(수)具(구)足(족)功(공)德(덕)

사경의 공덕은 십만억 부처님께 공양한 것과 같은 공덕이 있습니다.

邊 변	脫 탈	土 토	有 유	名 명	菩 보	境 경
諸 제	門 문	不 불	解 해	普 보	薩 살	界 계
菩 보	名 명	可 가	脫 탈	現 현	地 지	有 유
薩 살	一 일	思 사	門 문	法 법	諸 제	解 해
神 신	切 체	議 의	名 명	界 계	大 대	脫 탈
通 통	微 미	數 수	演 연	微 미	願 원	門 문
境 경	塵 진	差 차	說 설	塵 진	海 해	名 명
界 계	中 중	別 별	徧 변	數 수	有 유	安 안
有 유	悉 실	名 명	一 일	無 무	解 해	立 립
解 해	現 현	有 유	切 체	量 량	脫 탈	一 일
脫 탈	無 무	解 해	國 국	身 신	門 문	切 체

第 제	名 명	種 종	脫 탈	薩 살	事 사	門 문
門 문	顯 현	身 신	門 문	諸 제	有 유	名 명
入 입	示 시	徧 변	名 명	根 근	解 해	一 일
一 일	一 일	無 무	能 능	海 해	脫 탈	念 념
切 체	切 체	邊 변	以 이	各 각	門 문	中 중
智 지	菩 보	法 법	神 신	入 입	名 명	現 현
廣 광	薩 살	界 계	通 통	自 자	示 시	三 삼
大 대	修 수	有 유	力 력	境 경	現 현	世 세
方 방	行 행	解 해	化 화	界 계	一 일	劫 겁
便 편	法 법	脫 탈	現 현	有 유	切 체	成 성
	次 차	門 문	種 종	解 해	菩 보	壞 괴

爾時普賢菩薩摩訶薩以自功德復承如來威神之力普觀一切衆會海已卽說頌言

佛所莊嚴廣大刹
等於一切微塵數
清淨佛子悉滿中

雨不思議最妙法 우불사의최묘법
如於此會見佛坐 여어차회견불좌
一切塵中悉如是 일체진중실여시
佛身無去亦無來 불신무거역무래
所有國土皆明現 소유국토개명현
顯示菩薩所修行 현시보살소수행
無量趣地諸方便 무량취지제방편

及說難思眞實理
급설난사진실리

令諸佛子入法界
영제불자입법계

出生化佛如塵數
출생화불여진수

普應群生心所欲
보응군생심소욕

入深法界方便門
입심법계방편문

廣大無邊悉開演
광대무변실개연

如來名號等世間
여래명호등세간

十方國土悉充偏
시방국토실충변

一切方便無空過
일체방편무공과

調伏眾生皆離垢
조복중생개리구

佛於一切微塵中
불어일체미진중

示現無邊大神力
시현무변대신력

悉坐道場能演說
실좌도량능연설

如佛往昔菩提行
여불왕석보리행

三世所有廣大劫
삼세소유광대겁

佛念念中皆示現
불념념중개시현

彼諸成壞一切事
피제성괴일체사

不思議智無不了
불사의지무불료

佛子衆會廣無限
불자중회광무한

欲共測量諸佛地
욕공측량제불지

諸佛法門無有邊
제불법문무유변

能悉了知甚爲難
능실료지심위난

佛如虛空無分別
불여허공무분별

等眞法界無所依
등진법계무소의

化現周行靡不至
화현주행미부지

悉坐道場成正覺
실좌도량성정각

佛以妙音廣宣暢
불이묘음광선창

一切諸地皆明了
일체제지개명료

普現一一衆生前 (보현일일중생전)
盡與如來平等法 (진여여래평등법)
復次淨德妙光菩薩摩訶 (부차정덕묘광보살마하)
薩得徧往十方菩薩衆會莊 (살득변왕시방보살중회장)
嚴道場解脫門普德最勝燈 (엄도량해탈문보덕최승등)
光照菩薩摩訶薩得一念中 (광조보살마하살득일념중)
現無盡成正覺門敎化成熟 (현무진성정각문교화성숙)

不思議衆生界解脫門普光 (불사의중생계해탈문보광)
師子幢菩薩摩訶薩得修習 (사자당보살마하살득수습)
菩薩福德莊嚴出生一切佛 (보살복덕장엄출생일체불)
國土解脫門普寶焰妙光菩 (국토해탈문보보염묘광보)
薩摩訶薩得觀察佛神通境 (살마하살득관찰불신통경)
界無迷惑解脫門普音功德 (계무미혹해탈문보음공덕)
海幢菩薩摩訶薩得於一衆 (해당보살마하살득어일중)

大 대	摩 마		察 찰	菩 보	嚴 엄	會 회
加 가	訶 하	普 보	甚 심	薩 살	解 해	道 도
持 지	薩 살	清 청	深 심	摩 마	脫 탈	場 량
解 해	得 득	淨 정	廣 광	訶 하	門 문	中 중
脫 탈	出 출	無 무	大 대	薩 살	普 보	示 시
門 문	生 생	盡 진	法 법	得 득	智 지	現 현
普 보	一 일	福 복	界 계	隨 수	光 광	一 일
寶 보	切 체	威 위	藏 장	逐 축	照 조	切 체
髻 계	神 신	光 광	解 해	如 여	如 여	佛 불
華 화	變 변	菩 보	脫 탈	來 래	來 래	土 토
幢 당	廣 광	薩 살	門 문	觀 관	境 경	莊 장

菩薩摩訶薩得普入一切世 (보살마하살득보입일체세)
間行出生菩薩無邊行門解 (간행출생보살무변행문해)
脫門普相最勝光菩薩摩訶 (탈문보상최승광보살마하)
薩得能於無相法界中出現 (살득능어무상법계중출현)
一切諸佛境界解脫門 (일체제불경계해탈문)
爾時淨德妙光菩薩摩訶 (이시정덕묘광보살마하)
薩承佛威力普觀一切菩薩 (살승불위력보관일체보살)

解(해)脫(탈)門(문)海(해)已(이)卽(즉)說(설)頌(송)言(언)

十(시)方(방)所(소)有(유)諸(제)國(국)土(토)

一(일)刹(찰)那(나)中(중)悉(실)嚴(엄)淨(정)

以(이)妙(묘)音(음)聲(성)轉(전)法(법)輪(륜)

普(보)徧(변)世(세)間(간)無(무)與(여)等(등)

如(여)來(래)境(경)界(계)無(무)邊(변)際(제)

一(일)念(념)法(법)界(계)悉(실)充(충)滿(만)

佛 불	出 출	一 일	經 경	世 세	悉 실	一 일
神 신	現 현	切 체	於 어	尊 존	證 증	一 일
通 통	無 무	佛 불	百 백	往 왕	菩 보	塵 진
力 력	礙 애	刹 찰	千 천	昔 석	提 리	中 중
無 무	如 여	皆 개	無 무	修 수	起 기	建 건
限 한	虛 허	莊 장	量 량	諸 제	神 신	道 도
量 량	空 공	嚴 엄	劫 겁	行 행	變 변	場 량

念 염	一 일	十 시	汝 여	念 염	假 가	充 충
念 념	切 체	方 방	應 응	念 념	使 사	滿 만
不 부	於 어	國 국	觀 관	觀 관	經 경	無 무
同 동	此 차	土 토	佛 불	察 찰	於 어	邊 변
無 무	悉 실	皆 개	神 신	無 무	無 무	一 일
量 량	現 현	嚴 엄	通 통	疲 피	量 량	切 체
種 종	前 전	淨 정	境 경	厭 염	劫 겁	劫 겁

觀佛百千無量劫
관불백천무량겁

不得一毛之分限
부득일모지분한

如來無礙方便門
여래무애방편문

此光普照難思剎
차광보조난사찰

如來往劫在世間
여래왕겁재세간

承事無邊諸佛海
승사무변제불해

是故一切如川騖
시고일체여천무

사경의 공덕은 십만억 부처님께 공양한 것과 같은 공덕이 있습니다.

咸來供養世所尊
함래공양세소존

如來出現徧十方
여래출현변시방

一一塵中無量土
일일진중무량토

其中境界皆無量
기중경계개무량

悉住無邊無盡劫
실주무변무진겁

佛於曩劫爲衆生
불어낭겁위중생

修習無邊大悲海
수습무변대비해

사경의 공덕은 십만억 부처님께 공양한 것과 같은 공덕이 있습니다.

隨諸衆生入生死
수제중생입생사

普化衆會令淸淨
보화중회령청정

佛住眞如法界藏
불주진여법계장

無相無形離諸垢
무상무형이제구

衆生觀見種種身
중생관견종종신

一切苦難皆消滅
일체고난개소멸

復次海月光大明菩薩摩
부차해월광대명보살마

訶薩得出生菩薩諸地諸波
하살득출생보살제지제바

羅蜜教化衆生及嚴淨一切
라밀교화중생급엄정일체

佛國土方便解脫門雲音海
불국토방편해탈문운음해

光離垢藏菩薩摩訶薩得念
광이구장보살마하살득념

念中普入法界種種差別處
념중보입법계종종차별처

解脫門智生寶髻菩薩摩訶
해탈문지생보계보살마하

薩得不可思議劫於一切衆
살득불가사의겁어일체중

示 시	得 득	善 선	詣 예	薩 살	功 공	生 생
一 일	隨 수	勇 용	道 도	得 득	德 덕	前 전
切 체	諸 제	猛 맹	場 량	普 보	自 자	現 현
佛 불	衆 중	蓮 연	時 시	見 견	在 재	淸 청
法 법	生 생	華 화	種 종	十 시	王 왕	淨 정
解 해	根 근	髻 계	種 종	方 방	淨 정	大 대
脫 탈	解 해	菩 보	莊 장	一 일	光 광	功 공
門 문	海 해	薩 살	嚴 엄	切 체	菩 보	德 덕
普 보	普 보	摩 마	解 해	菩 보	薩 살	解 해
智 지	爲 위	訶 하	脫 탈	薩 살	摩 마	脫 탈
雲 운	顯 현	薩 살	門 문	初 초	訶 하	門 문

사경의 공덕은 십만억 부처님께 공양한 것과 같은 공덕이 있습니다.

日(일)幢(당)菩(보)薩(살)摩(마)訶(하)薩(살)得(득)成(성)就(취)如(여)
來(래)智(지)永(영)住(주)無(무)量(량)劫(겁)解(해)脫(탈)門(문)大(대)
精(정)進(진)金(금)剛(강)臍(제)菩(보)薩(살)摩(마)訶(하)薩(살)得(득)
普(보)入(입)一(일)切(체)無(무)邊(변)法(법)印(인)力(력)解(해)脫(탈)
門(문)香(향)焰(염)光(광)幢(당)菩(보)薩(살)摩(마)訶(하)薩(살)得(득)
顯(현)示(시)現(현)在(재)一(일)切(체)佛(불)始(시)修(수)菩(보)薩(살)
行(행)乃(내)至(지)成(성)就(취)智(지)慧(혜)聚(취)解(해)脫(탈)門(문)

大明德深美音菩薩摩訶薩
대명덕심미음보살마하살

得安住毘盧遮那一切大願
득안주비로자나일체대원

海解脫門大福光智生菩薩
해해탈문대복광지생보살

摩訶薩得顯示如來徧法界
마하살득현시여래변법계

甚深境界解脫門
심심경계해탈문

爾時海月光大明菩薩摩
이시해월광대명보살마

訶薩承佛威力普觀一切菩
하살승불위력보관일체보

사경의 공덕은 십만억 부처님께 공양한 것과 같은 공덕이 있습니다.

薩衆莊嚴海已卽說頌言
諸波羅蜜及諸地
廣大難思悉圓滿
無量衆生盡調伏
一切佛土皆嚴淨
如佛教化衆生界
十方國土皆充滿

사경의 공덕은 십만억 부처님께 공양한 것과 같은 공덕이 있습니다.

一念心中轉法輪
일념심중전법륜

普應群情無不徧
보응군정무불변

佛於無量廣大劫
불어무량광대겁

普現一切衆生前
보현일체중생전

如其往昔廣修治
여기왕석광수치

示彼所行清淨處
시피소행청정처

我覩十方無有餘
아도시방무유여

사경의 공덕은 십만억 부처님께 공양한 것과 같은 공덕이 있습니다.

亦見諸佛現神通
역견제불현신통

悉坐道場成正覺
실좌도량성정각

衆會聞法共圍遶
중회문법공위요

廣大光明佛法身
광대광명불법신

能以方便現世間
능이방편현세간

普隨衆生心所樂
보수중생심소락

悉稱其根而雨法
실칭기근이우법

사경의 공덕은 십만억 부처님께 공양한 것과 같은 공덕이 있습니다.

眞如平等無相身 (진여평등무상신)

離垢光明淨法身 (이구광명정법신)

智慧寂靜身無量 (지혜적정신무량)

普應十方而演法 (보응시방이연법)

法王諸力皆淸淨 (법왕제력개청정)

智慧如空無有邊 (지혜여공무유변)

悉爲開示無遺隱 (실위개시무유은)

普使衆生同悟入
보사중생동오입

如佛往昔所修治
여불왕석소수치

乃至成於一切智
내지성어일체지

今放光明徧法界
금방광명변법계

於中顯現悉明了
어중현현실명료

佛以本願現神通
불이본원현신통

一切十方無不照
일체시방무불조

如佛往昔修治行 (여불왕석수치행)
光明網中皆演說 (광명망중개연설)
十方境界無有盡 (시방경계무유진)
無等無邊各差別 (무등무변각차별)
佛無礙力發大光 (불무애력발대광)
一切國土皆明顯 (일체국토개명현)

爾時如來師子之座衆寶 (이시여래사자지좌중보)

妙華輪臺基陛及諸戶牖如
묘화륜대기폐급제호유여

是一切莊嚴具中一一各出
시일체장엄구중일일각출

佛刹微塵數菩薩摩訶薩
불찰미진수보살마하살

其名曰海慧自在神通王
기명왈해혜자재신통왕

菩薩摩訶薩雷音普震菩薩
보살마하살뇌음보진보살

摩訶薩衆寶光明髻菩薩摩
마하살중보광명계보살마

訶薩大智日勇猛慧菩薩摩
하살대지일용맹혜보살마

訶(하)薩(살)不(불)思(사)議(의)功(공)德(덕)寶(보)智(지)印(인)菩(보)
薩(살)摩(마)訶(하)薩(살)百(백)目(목)蓮(연)華(화)髻(계)菩(보)薩(살)
摩(마)訶(하)薩(살)金(금)焰(염)圓(원)滿(만)光(광)菩(보)薩(살)摩(마)
訶(하)薩(살)法(법)界(계)普(보)音(음)菩(보)薩(살)摩(마)訶(하)薩(살)
雲(운)音(음)淨(정)月(월)菩(보)薩(살)摩(마)訶(하)薩(살)善(선)勇(용)
猛(맹)光(광)明(명)幢(당)菩(보)薩(살)摩(마)訶(하)薩(살)如(여)是(시)
等(등)而(이)爲(위)上(상)首(수)有(유)衆(중)多(다)佛(불)刹(찰)微(미)

塵(진)數(수)同(동)時(시)出(출)現(현)
此(차)諸(제)菩(보)薩(살)各(각)興(흥)種(종)種(종)供(공)養(양)
雲(운)所(소)謂(위)一(일)切(체)摩(마)尼(니)寶(보)華(화)雲(운)一(일)
切(체)蓮(연)華(화)妙(묘)香(향)雲(운)一(일)切(체)寶(보)圓(원)滿(만)
光(광)雲(운)無(무)邊(변)境(경)界(계)香(향)焰(염)雲(운)日(일)藏(장)
摩(마)尼(니)輪(륜)光(광)明(명)雲(운)一(일)切(체)悅(열)意(의)樂(락)
音(음)雲(운)無(무)邊(변)色(색)相(상)一(일)切(체)寶(보)燈(등)光(광)

焰(염)雲(운)衆(중)寶(보)樹(수)枝(지)華(화)果(과)雲(운)無(무)盡(진)
寶(보)淸(청)淨(정)光(광)明(명)摩(마)尼(니)王(왕)雲(운)一(일)切(체)
莊(장)嚴(엄)具(구)摩(마)尼(니)王(왕)雲(운)如(여)是(시)等(등)諸(제)
供(공)養(양)雲(운)有(유)佛(불)世(세)界(계)微(미)塵(진)數(수)彼(피)
諸(제)菩(보)薩(살)一(일)一(일)皆(개)興(흥)如(여)是(시)供(공)養(양)
雲(운)雨(우)於(어)一(일)切(체)道(도)場(량)衆(중)海(해)相(상)續(속)
不(부)絶(절)

現是雲已右遶世尊經無
현 시 운 이 우 요 세 존 경 무

量百千帀隨其方面去佛不
량 백 천 잡 수 기 방 면 거 불 불

遠化作無量種種寶蓮華師
원 화 작 무 량 종 종 보 연 화 사

子之座各於其上結跏趺坐
자 지 좌 각 어 기 상 결 가 부 좌

是諸菩薩所行淸淨廣大
시 제 보 살 소 행 청 정 광 대

如海得智慧光照普門法隨
여 해 득 지 혜 광 조 보 문 법 수

順諸佛所行無礙能入一切
순 제 불 소 행 무 애 능 입 일 체

觀 관	聚 취	已 이	切 체	一 일	門 문	辯 변
察 찰	極 극	得 득	法 법	切 체	住 주	才 재
十 시	善 선	深 심	海 해	陀 다	於 어	法 법
方 방	淸 청	信 신	善 선	羅 라	如 여	海 해
世 세	淨 정	廣 광	住 주	尼 니	來 래	得 득
界 계	虛 허	大 대	三 삼	門 문	普 보	不 불
一 일	空 공	喜 희	世 세	悉 실	門 문	思 사
切 체	法 법	樂 락	平 평	能 능	之 지	議 의
國 국	界 계	無 무	等 등	容 용	地 지	解 해
土 토	靡 미	邊 변	智 지	受 수	已 이	脫 탈
所 소	不 불	福 복	地 지	一 일	得 득	法 법

有(유)佛(불)興(흥)咸(함)勤(근)供(공)養(양)

爾(이)時(시)海(해)慧(혜)自(자)在(재)神(신)通(통)王(왕)菩(보)
薩(살)摩(마)訶(하)薩(살)承(승)佛(불)威(위)力(력)普(보)觀(관)一(일)
切(체)道(도)場(량)衆(중)海(해)卽(즉)說(설)頌(송)言(언)

諸(제)佛(불)所(소)悟(오)悉(실)已(이)知(지)
如(여)空(공)無(무)礙(애)皆(개)明(명)照(조)
光(광)徧(변)十(시)方(방)無(무)量(량)土(토)

處於衆會普嚴潔
처어중회보엄결

如來功德不可量
여래공덕불가량

十方法界悉充滿
시방법계실충만

普坐一切樹王下
보좌일체수왕하

諸大自在共雲集
제대자재공운집

佛有如是神通力
불유여시신통력

一念現於無盡相
일념현어무진상

사경의 공덕은 십만억 부처님께 공양한 것과 같은 공덕이 있습니다.

如來境界無有邊 (여래경계무유변)
各隨解脫能觀見 (각수해탈능관견)
如來往昔經劫海 (여래왕석경겁해)
在於諸有勤修行 (재어제유근수행)
種種方便化衆生 (종종방편화중생)
令彼受行諸佛法 (영피수행제불법)
毘盧遮那具嚴好 (비로자나구엄호)

坐蓮華藏師子座
좌연화장사자좌

一切衆會皆清淨
일체중회개청정

寂然而住同瞻仰
적연이주동첨앙

摩尼寶藏放光明
마니보장방광명

普發無邊香焰雲
보발무변향염운

無量華纓共垂布
무량화영공수포

如是座上如來坐
여시좌상여래좌

種種嚴飾吉祥門 (종종엄식길상문)
恒放燈光寶焰雲 (항방등광보염운)
廣大熾然無不照 (광대치연무부조)
牟尼處上增嚴好 (모니처상증엄호)
種種摩尼綺麗窓 (종종마니기려창)
妙寶蓮華所垂飾 (묘보연화소수식)
恒出妙音聞者悅 (항출묘음문자열)

佛坐其上特明顯 (불좌기상특명현)
寶輪承座半月形 (보륜승좌반월형)
金剛爲臺色焰明 (금강위대색염명)
持髻菩薩常圍遶 (지계보살상위요)
佛在其中最光耀 (불재기중최광요)
種種變化滿十方 (종종변화만시방)
演說如來廣大願 (연설여래광대원)

一切影像於中現 (일체영상어중현)

如是座上佛安坐 (여시좌상불안좌)

爾時雷音普震菩薩摩訶 (이시뇌음보진보살마하)

薩承佛威力普觀一切道場 (살승불위력보관일체도량)

衆海卽說頌言 (중해즉설송언)

世尊往集菩提行 (세존왕집보리행)

供養十方無量佛 (공양시방무량불)

善逝威力所加持
선서위력소가지

如來座中無不覩
여래좌중무불도

香焰摩尼如意王
향염마니여의왕

塡飾妙華師子座
전식묘화사자좌

種種莊嚴皆影現
종종장엄개영현

一切衆會悉明矚
일체중회실명촉

佛座普現莊嚴相
불좌보현장엄상

사경의 공덕은 십만억 부처님께 공양한 것과 같은 공덕이 있습니다.

念念色類各差別
염념색류각차별

隨諸衆生解不同
수제중생해부동

各見佛坐於其上
각견불좌어기상

寶枝垂布蓮華網
보지수포연화망

華開踊現諸菩薩
화개용현제보살

各出微妙悅意聲
각출미묘열의성

稱讚如來坐於座
칭찬여래좌어좌

佛功德量如虛空
불공덕량여허공

一切莊嚴從此生
일체장엄종차생

一一地中嚴飾事
일일지중엄식사

一切衆生不能了
일체중생불능료

金剛爲地無能壞
금강위지무능괴

廣博淸淨極夷坦
광박청정극이탄

摩尼爲網垂布空
마니위망수포공

사경의 공덕은 십만억 부처님께 공양한 것과 같은 공덕이 있습니다.

菩提樹下皆周徧 (보리수하개주변)
其地無邊色相殊 (기지무변색상수)
眞金爲末布其中 (진금위말포기중)
普散名華及衆寶 (보산명화급중보)
悉以光瑩如來座 (실이광영여래좌)
地神歡喜而踊躍 (지신환희이용약)
刹那示現無有盡 (찰나시현무유진)

普興一切莊嚴雲 (보흥일체장엄운)
恒在佛前瞻仰住 (항재불전첨앙주)
寶燈廣大極熾然 (보등광대극치연)
香焰流光無斷絕 (향염유광무단절)
隨時示現各差別 (수시시현각차별)
地神以此爲供養 (지신이차위공양)
十方一切刹土中 (시방일체찰토중)

彼(피)地(지)所(소)有(유)諸(제)莊(장)嚴(엄)
今(금)此(차)道(도)場(량)無(무)不(불)現(현)
以(이)佛(불)威(위)神(신)故(고)能(능)爾(이)

爾(이)時(시)衆(중)寶(보)光(광)明(명)髻(계)菩(보)薩(살)摩(마)訶(하)薩(살)
承(승)佛(불)威(위)力(력)普(보)觀(관)一(일)切(체)道(도)場(량)衆(중)
海(해)卽(즉)說(설)頌(송)言(언)

世(세)尊(존)往(왕)昔(석)修(수)行(행)時(시)

見諸佛土皆圓滿
견제불토개원만

如是所見地無盡
여시소견지무진

此道場中皆顯現
차도량중개현현

世尊廣大神通力
세존광대신통력

舒光普雨摩尼寶
서광보우마니보

如是寶藏散道場
여시보장산도량

其地周迴悉嚴麗
기지주회실엄려

사경의 공덕은 십만억 부처님께 공양한 것과 같은 공덕이 있습니다.

如來福德神通力
여래복덕신통력

摩尼妙寶普莊嚴
마니묘보보장엄

其地及以菩提樹
기지급이보리수

遮發光音而演說
체발광음이연설

寶燈無量從空雨
보등무량종공우

寶王間錯爲嚴飾
보왕간착위엄식

悉吐微妙演法音
실토미묘연법음

사경의 공덕은 십만억 부처님께 공양한 것과 같은 공덕이 있습니다.

如是地神之所現
여시지신지소현

寶地普現妙光雲
보지보현묘광운

寶炬焰明如電發
보거염명여전발

寶網遐張覆其上
보망하장부기상

寶枝雜布爲嚴好
보지잡포위엄호

汝等普觀於此地
여등보관어차지

種種妙寶所莊嚴
종종묘보소장엄

顯示衆生諸業海
현시중생제업해

令彼了知眞法性
영피료지진법성

普徧十方一切佛
보변시방일체불

所有圓滿菩提樹
소유원만보리수

莫不皆現道場中
막불개현도량중

演說如來淸淨法
연설여래청정법

隨諸衆生心所樂
수제중생심소락

其地普出妙音聲 (기지보출묘음성)
如佛座上所應演 (여불좌상소응연)
一一法門咸具說 (일일법문함구설)
其地恒出妙香光 (기지항출묘향광)
光中普演清淨音 (광중보연청정음)
若有衆生堪受法 (약유중생감수법)
悉使得聞煩惱滅 (실사득문번뇌멸)

一一莊嚴悉圓滿 (일일장엄실원만)
假使億劫無能說 (가사억겁무능설)
如來神力靡不周 (여래신력미부주)
是故其地皆嚴淨 (시고기지개엄정)
爾時大智日勇猛慧菩薩 (이시대지일용맹혜보살)
摩訶薩承佛威力普觀一切 (마하살승불위력보관일체)
道場衆海卽說頌言 (도량중해즉설송언)

사경의 공덕은 십만억 부처님께 공양한 것과 같은 공덕이 있습니다.

世尊凝睟處法堂 (세존응수처법당)
炳然照耀宮殿中 (병연조요궁전중)
隨諸衆生心所樂 (수제중생심소락)
其身普現十方土 (기신보현시방토)
如來宮殿不思議 (여래궁전불사의)
摩尼寶藏爲嚴飾 (마니보장위엄식)
諸莊嚴具咸光耀 (제장엄구함광요)

佛坐其中特明顯
불좌기중특명현

摩尼爲柱種種色
마니위주종종색

眞金鈴鐸如雲布
진금령탁여운포

寶階四面列成行
보계사면열성행

門闥隨方咸洞啓
문달수방함동계

妙華繒綺莊嚴帳
묘화증기장엄장

寶樹枝條共嚴飾
보수지조공엄식

摩尼瓔珞四面垂
마니영락사면수

智海於中湛然坐
지해어중담연좌

摩尼爲網妙香幢
마니위망묘향당

光焰燈明若雲布
광염등명약운포

覆以種種莊嚴具
부이종종장엄구

超世正知於此坐
초세정지어차좌

十方普現變化雲
시방보현변화운

其雲演說徧世間
기운연설변세간

一切衆生悉調伏
일체중생실조복

如是皆從佛宮現
여시개종불궁현

摩尼爲樹發妙華
마니위수발묘화

十方所有無能匹
시방소유무능필

三世國土莊嚴事
삼세국토장엄사

莫不於中現其影
막불어중현기영

處(처)處(처)皆(개)有(유)摩(마)尼(니)聚(취)
光(광)焰(염)熾(치)然(연)無(무)量(량)種(종)
門(문)牖(유)隨(수)方(방)相(상)間(간)開(개)
棟(동)宇(우)莊(장)嚴(엄)極(극)殊(수)麗(려)
如(여)來(래)宮(궁)殿(전)不(불)思(사)議(의)
清(청)淨(정)光(광)明(명)具(구)衆(중)相(상)
一(일)切(체)宮(궁)殿(전)於(어)中(중)現(현)

一一皆有如來座
일일개유여래좌

如來宮殿無有邊
여래궁전무유변

自然覺者處其中
자연각자처기중

十方一切諸衆會
시방일체제중회

莫不向佛而來集
막불향불이래집

爾時不思議功德寶智印
이시불사의공덕보지인

菩薩摩訶薩承佛威力普觀
보살마하살승불위력보관

一切道場衆海即說頌言
일체도량중해즉설송언

佛昔修治衆福海
불석수치중복해

一切刹土微塵數
일체찰토미진수

神通願力所出生
신통원력소출생

道場嚴淨無諸垢
도량엄정무제구

如意珠王作樹根
여의주왕작수근

金剛摩尼以爲身
금강마니이위신

사경의 공덕은 십만억 부처님께 공양한 것과 같은 공덕이 있습니다.

寶網遐施覆其上
보망하시부기상

妙香氛氳共旋遶
묘향분온공선요

樹枝嚴飾備衆寶
수지엄식비중보

摩尼爲幹爭聳擢
마니위간쟁용탁

枝條密布如重雲
지조밀포여중운

佛於其下坐道場
불어기하좌도량

道場廣大不思議
도량광대불사의

其樹周迴盡彌覆
기수주회진미부

密葉繁華相庇暎
밀엽번화상비영

華中悉結摩尼果
화중실결마니과

一切枝間發妙光
일체지간발묘광

其光遍照道場中
기광변조도량중

清淨熾然無有盡
청정치연무유진

以佛願力如斯覩
이불원력여사도

摩尼寶藏以爲華
마니보장이위화

布影騰輝若綺雲
포영등휘약기운

帀樹垂芳無不徧
잡수수방무불변

於道場中普嚴飾
어도량중보엄식

汝觀善逝道場中
여관선서도량중

蓮華寶網俱清淨
연화보망구청정

光焰成輪從此現
광염성륜종차현

鈴音鐸響雲間發 (령음탁향운간발)
十方一切國土中 (시방일체국토중)
所有妙色莊嚴樹 (소유묘색장엄수)
菩提樹中無不現 (보리수중무불현)
佛於其下離衆垢 (불어기하이중구)
道場廣大福所成 (도량광대복소성)
樹枝雨寶恒無盡 (수지우보항무진)

寶中出現諸菩薩
보중출현제보살

悉往十方供事佛
실왕시방공사불

諸佛境界不思議
제불경계불사의

普令其樹出樂音
보령기수출악음

如昔所集菩提道
여석소집보리도

衆會聞音咸得見
중회문음함득견

爾時百目蓮華髻菩薩摩
이시백목연화계보살마

訶薩承佛威力普觀一切道 (하살승불위력보관일체도)

場衆海卽說頌言 (량중해즉설송언)

一切摩尼出妙音 (일체마니출묘음)

稱揚三世諸佛名 (칭양삼세제불명)

彼佛無量神通事 (피불무량신통사)

此道場中皆現覩 (차도량중개현도)

衆華競發如纓布 (중화경발여영포)

光雲流演徧十方
광운류연변시방

菩提樹神持向佛
보리수신지향불

一心瞻仰爲供養
일심첨앙위공양

摩尼光焰悉成幢
마니광염실성당

幢中熾然發妙香
당중치연발묘향

其香普熏一切衆
기향보훈일체중

是故其處皆嚴潔
시고기처개엄결

사경의 공덕은 십만억 부처님께 공양한 것과 같은 공덕이 있습니다.

蓮華垂布金色光 연화수포금색광

其光演佛妙聲雲 기광연불묘성운

普蔭十方諸刹土 보음시방제찰토

永息衆生煩惱熱 영식중생번뇌열

菩提樹王自在力 보리수왕자재력

常放光明極清淨 상방광명극청정

十方衆會無有邊 시방중회무유변

莫不影現道場中
寶枝光焰若明燈
其光演音宣大願
如佛往昔於諸有
本所修行皆具說
樹下諸神刹塵數
悉共依於此道場

막불영현도량중
보지광염약명등
기광연음선대원
여불왕석어제유
본소수행개구설
수하제신찰진수
실공의어차도량

사경의 공덕은 십만억 부처님께 공양한 것과 같은 공덕이 있습니다.

各各如來道樹前 (각각여래도수전)
念念宣揚解脫門 (염념선양해탈문)
世尊往昔修諸行 (세존왕석수제행)
供養一切諸如來 (공양일체제여래)
本所修行及名聞 (본소수행급명문)
摩尼寶中皆悉現 (마니보중개실현)
道場一切出妙音 (도량일체출묘음)

其音廣大偏十方
기음광대변시방

若有衆生堪受法
약유중생감수법

莫不調伏令淸淨
막부조복령청정

如來往昔普修治
여래왕석보수치

一切無量莊嚴事
일체무량장엄사

十方一切菩提樹
시방일체보리수

一一莊嚴無量種
일일장엄무량종

爾時金焰圓滿光菩薩摩訶薩承佛威力普觀一切道場衆海卽說頌言
(이시금염원만광보살마하살승불위력보관일체도량중해즉설송언)

佛昔修習菩提行 (불석수습보리행)
於諸境界解明了 (어제경계해명료)
處與非處淨無疑 (처여비처정무의)
此是如來初智力 (차시여래초지력)

如昔等觀諸法性
여석등관제법성

一切業海皆明徹
일체업해개명철

如是今於光網中
여시금어광망중

普徧十方能具演
보변시방능구연

往劫修治大方便
왕겁수치대방편

隨衆生根而化誘
수중생근이화유

普使衆生心清淨
보사중생심청정

故佛能成根智力
고불능성근지력

如諸衆生解不同
여제중생해부동

欲樂諸行各差別
욕락제행각차별

隨其所應爲說法
수기소응위설법

佛以智力能如是
불이지력능여시

普盡十方諸剎海
보진시방제찰해

所有一切衆生界
소유일체중생계

佛智平等如虛空 (불지평등여허공)
悉能顯現毛孔中 (실능현현모공중)
一切處行佛盡知 (일체처행불진지)
一念三世畢無餘 (일념삼세필무여)
十方刹劫衆生時 (시방찰겁중생시)
悉能開示令現了 (실능개시령현료)
禪定解脫力無邊 (선정해탈력무변)

三昧方便亦復然 (삼매방편역부연)
佛爲示現令歡喜 (불위시현령환희)
普使滌除煩惱闇 (보사척제번뇌암)
佛智無礙包三世 (불지무애포삼세)
刹那悉現毛孔中 (찰나실현모공중)
佛法國土及衆生 (불법국토급중생)
所現皆由隨念力 (소현개유수념력)

佛眼廣大如虛空
불안광대여허공

普見法界盡無餘
보견법계진무여

無礙地中無等用
무애지중무등용

彼眼無量佛能演
피안무량불능연

一切衆生具諸結
일체중생구제결

所有隨眠與習氣
소유수면여습기

如來出現徧世間
여래출현변세간

悉(실)以(이)方(방)便(편)令(령)除(제)滅(멸)

爾(이)時(시)法(법)界(계)普(보)音(음)菩(보)薩(살)摩(마)訶(하)薩(살)承(승)佛(불)威(위)力(력)普(보)觀(관)一(일)切(체)道(도)場(량)衆(중)會(회)海(해)卽(즉)說(설)頌(송)言(언)

佛(불)威(위)神(신)力(력)徧(변)十(시)方(방)

廣(광)大(대)示(시)現(현)無(무)分(분)別(별)

大(대)菩(보)提(리)行(행)波(바)羅(라)蜜(밀)

昔所滿足皆令見
석소만족개령견

昔於衆生起大悲
석어중생기대비

修行布施波羅蜜
수행보시바라밀

以是其身最殊妙
이시기신최수묘

能令見者生歡喜
능령견자생환희

昔在無邊大劫海
석재무변대겁해

修治淨戒波羅蜜
수치정계바라밀

故獲淨身徧十方 (고획정신변시방)
普滅世間諸重苦 (보멸세간제중고)
往昔修行忍清淨 (왕석수행인청정)
信解眞實無分別 (신해진실무분별)
是故色相皆圓滿 (시고색상개원만)
普放光明照十方 (보방광명조시방)
往昔勤修多劫海 (왕석근수다겁해)

能轉衆生深重障 (능전중생심중장)
故能分身徧十方 (고능분신변시방)
悉現菩提樹王下 (실현보리수왕하)
佛久修行無量劫 (불구수행무량겁)
禪定大海普淸淨 (선정대해보청정)
故令見者深歡喜 (고령견자심환희)
煩惱障垢悉除滅 (번뇌장구실제멸)

如來往修諸行海
여래왕수제행해

具足般若波羅蜜
구족반야바라밀

是故舒光普照明
시고서광보조명

克殄一切愚癡暗
극진일체우치암

種種方便化衆生
종종방편화중생

令所修治悉成就
영소수치실성취

一切十方皆徧往
일체시방개변왕

無邊際劫不休息
무변제겁불휴식

佛昔修行大劫海
불석수행대겁해

淨治諸願波羅蜜
정치제원바라밀

是故出現徧世間
시고출현변세간

盡未來際救衆生
진미래제구중생

佛無量劫廣修治
불무량겁광수치

一切法力波羅蜜
일체법력바라밀

由是能成自然力 (유시능성자연력)
普現十方諸國土 (보현시방제국토)
佛昔修治普門智 (불석수치보문지)
一切智性如虛空 (일체지성여허공)
是故得成無礙力 (시고득성무애력)
舒光普照十方刹 (서광보조시방찰)

爾時雲音淨月菩薩摩訶 (이시운음정월보살마하)

薩承佛威力普觀一切道場
살승불위력보관일체도량

衆會海已卽說頌言
중회해이즉설송언

神通境界等虛空
신통경계등허공

十方衆生靡不見
시방중생미불견

如昔修行所成地
여석수행소성지

摩尼果中咸具說
마니과중함구설

清淨勤修無量劫
청정근수무량겁

入於初地極歡喜 (입어초지극환희)
出生法界廣大智 (출생법계광대지)
普見十方無量佛 (보견시방무량불)
一切法中離垢地 (일체법중이구지)
等衆生數持淨戒 (등중생수지정계)
已於多劫廣修行 (이어다겁광수행)
供養無邊諸佛海 (공양무변제불해)

積集福德發光地 적집복덕발광지
奢摩他藏堅固忍 사마타장견고인
法雲廣大悉已聞 법운광대실이문
摩尼果中如是說 마니과중여시설
焰海慧明無等地 염해혜명무등지
善了境界起慈悲 선료경계기자비
一切國土平等身 일체국토평등신

如佛所治皆演暢
여불소치개연창

普藏等門難勝地
보장등문난승지

動寂相順無違返
동적상순무위반

佛法境界悉平等
불법경계실평등

如佛所淨皆能說
여불소정개능설

廣大修行慧海地
광대수행혜해지

一切法門咸徧了
일체법문함변료

普現國土如虛空
보현국토여허공

樹中演暢此法音
수중연창차법음

周徧法界虛空身
주변법계허공신

普照衆生智慧燈
보조중생지혜등

一切方便皆清淨
일체방편개청정

昔所遠行今具演
석소원행금구연

一切願行所莊嚴
일체원행소장엄

無量刹海皆清淨
所有分別無能動
此無等地咸宣說
無量境界神通力
善入教法光明力
此是清淨善慧地
劫海所行皆備闡

사경의 공덕은 십만억 부처님께 공양한 것과 같은 공덕이 있습니다.

法雲廣大第十地 (법운광대제십지)
含藏一切徧虛空 (함장일체변허공)
諸佛境界聲中演 (제불경계성중연)
此佛是佛威神力 (차불시불위신력)

爾時善勇猛光幢菩薩摩訶薩 (이시선용맹광당보살마하살)
承佛威神觀察十方卽說頌言 (승불위신관찰시방즉설송언)

無量衆生處會中
무량중생처회중

種種信解心淸淨
종종신해심청정

悉能悟入如來智
실능오입여래지

了達一切莊嚴境
요달일체장엄경

各起淨願修諸行
각기정원수제행

悉曾供養無量佛
석증공양무량불

能見如來眞實體
능견여래진실체

사경의 공덕은 십만억 부처님께 공양한 것과 같은 공덕이 있습니다.

及以一切諸神變
급이일체제신변

或有能見佛法身
혹유능견불법신

無等無礙普周徧
무등무애보주변

所有無邊諸法性
소유무변제법성

悉入其身無不盡
실입기신무부진

或有見佛妙色身
혹유견불묘색신

無邊色相光熾然
무변색상광치연

隨諸衆生解不同
種種變現十方中
或見無礙智慧身
三世平等如虛空
普隨衆生心樂轉
種種差別皆令見
或有能了佛音聲

普徧十方諸國土
隨諸衆生所應解
爲出言音無障礙
或見如來種種光
種種照耀徧世間
或有於佛光明中
復見諸佛現神通

或有見佛海雲光 (혹유견불해운광)
從毛孔出色熾然 (종모공출색치연)
示現往昔修行道 (시현왕석수행도)
令生深信入佛智 (영생심신입불지)
或見佛相福莊嚴 (혹견불상복장엄)
及見此福所從生 (급견차복소종생)
往昔修行諸度海 (왕석수행제도해)

皆佛相中明了見
개불상중명료견

如來功德不可量
여래공덕불가량

充滿法界無邊際
충만법계무변제

及以神通諸境界
급이신통제경계

以佛力故能宣說
이불력고능선설

爾時華藏莊嚴世界海以
이시화장장엄세계해이

佛神力其地一切六種十八
불신력기지일체육종십팔

相震動所謂動偏動普偏動
상진동소위동변동보변동

起偏起普偏起涌偏涌普偏
기변기보변기용변용보변

涌震偏震普偏震吼偏吼普
용진변진보변진후변후보

偏吼擊偏擊普偏擊
변후격변격보변격

此諸世主一一皆現不思
차제세주일일개현불사

議諸供養雲雨於如來道場
의제공양운우어여래도량

衆海所謂一切香華莊嚴雲
중해소위일체향화장엄운

藏 장	摩 마	雲 운	一 일	光 광	華 화	一 일
雲 운	尼 니	清 청	切 체	雲 운	網 망	切 체
一 일	瓔 영	淨 정	寶 보	一 일	雲 운	摩 마
切 체	珞 락	妙 묘	栴 전	切 체	無 무	尼 니
各 각	輪 륜	聲 성	檀 단	衆 중	邊 변	妙 묘
別 별	雲 운	摩 마	香 향	色 색	種 종	飾 식
莊 장	一 일	尼 니	雲 운	寶 보	類 류	雲 운
嚴 엄	切 체	王 왕	一 일	眞 진	摩 마	一 일
具 구	寶 보	雲 운	切 체	珠 주	尼 니	切 체
雲 운	光 광	日 일	寶 보	藏 장	寶 보	寶 보
如 여	明 명	光 광	蓋 개	雲 운	圓 원	焰 염

사경의 공덕은 십만억 부처님께 공양한 것과 같은 공덕이 있습니다.

是等諸供養雲其數無量不
시등제공양운기수무량불

可思議
가사의

此諸世主一一皆現如是
차제세주일일개현여시

供養雲雨於如來道場衆海
공양운우어여래도량중해

靡不周徧如此世界中一一
미부주변여차세계중일일

世主心生歡喜如是供養其
세주심생환희여시공양기

華藏莊嚴世界海中一切世
화장장엄세계해중일체세

各 각	成 성	便 편	信 신	來 래	供 공	界 계
悟 오	就 취	門 문	解 해	坐 좌	養 양	所 소
解 해	各 각	各 각	各 각	於 어	其 기	有 유
諸 제	各 각	各 각	各 각	道 도	一 일	世 세
法 법	歡 환	修 수	所 소	場 량	切 체	主 주
門 문	喜 희	習 습	緣 연	一 일	世 세	悉 실
各 각	各 각	助 조	各 각	一 일	界 계	亦 역
各 각	各 각	道 도	各 각	世 세	中 중	如 여
入 입	趣 취	法 법	三 삼	主 주	悉 실	是 시
如 여	入 입	各 각	昧 매	各 각	有 유	而 이
來 래	各 각	各 각	方 방	各 각	如 여	爲 위

神通境界各各入如來力境
신통경계각각입여래력경

界各各入如來解脫門如於
계각각입여래해탈문여어

此華藏世界海十方盡法界
차화장세계해시방진법계

虛空界一切世界海中悉亦
허공계일체세계해중실역

如是
여시

發 願 文

귀의 삼보하옵고
거룩하신 부처님께 발원하옵나이다.

주 소 : ____________________

전 화 : __________ 불 명 : __________ 성 명 : __________

불기 25 ______ 년 ______ 월 ______ 일